LIBERTÉ INDIVIDUELLE.

ARRESTATION

ET

SÉQUESTRATION ILLÉGALES.

CONSULTATION

ET

ADDITION A LA CONSULTATION.

1867

LIBERTÉ INDIVIDUELLE.

ARRESTATION

ET

SÉQUESTRATION ILLÉGALES.

CONSULTATION

ET

ADDITION A LA CONSULTATION.

Isambert écrivait dans la *Gazette des Tribunaux* en 1827 :

« Il est déplorable de voir que, dans notre pays, des
« agents inférieurs de la police, officiers de paix ou autres, se
« permettent de menacer, à chaque instant, des citoyens, de les
« arrêter et de les conduire à la préfecture de police. »

En 1867, quarante ans plus tard, après les révolutions
évanouies de 1830 et de 1848, M. Leclanché donne à un officier de paix, devant le tribunal correctionnel, une assignation
dans laquelle on lit :

« Le 2 novembre courant, après midi, vers trois heures
« et demie, le requérant se trouvait au cimetière Montmartre
« où il s'était rendu, isolément, dans l'unique but d'adresser un
« pieux souvenir à la mémoire de Godefroid Cavaignac. Il était
« silencieusement appuyé sur la grille de la tombe ; pas un mot
« de sa bouche, pas un geste de sa part qui aurait pu rompre

« ou troubler le recueillement de l'assistance. Tout à coup un
« individu, sans aucun insigne, le somme de déguerpir, et, sur
« le désir exprimé par le requérant de n'être pas empêché dans
« l'accomplissement d'un pieux devoir, cet individu (qu'il a su,
« plus tard, être le sieur Bellanger, officier de paix) ordonne à
« deux agents, qui obéissent immédiatement, de l'arrêter; ils le
« saisissent et le conduisent, à travers les rues de son quartier,
« au poste de la place Bréda, où il reste séquestré pendant plus
« d'une heure. Puis, sans interrogatoire, on se décide à le relâ-
« cher, mais sous l'humiliante condition qui lui est imposée par
« le sieur Bellanger, de retourner chez lui sous la conduite d'un
« agent de police, chargé de constater son identité auprès du
« concierge de sa maison. Après cette constatation seulement,
« il sera libre. »

En l'état des faits qu'il signale dans cette assignation,
M. Leclanché nous pose les trois questions suivantes :

1° Dans un intérêt public, plus encore que pour obtenir la
réparation qui lui est due, a-t-il bien fait de porter son action
devant le tribunal correctionnel?

2° Son action est-elle recevable?

3° Est-elle fondée ?

Le conseil soussigné, répondant à la première question,
félicite M. Leclanché de sa résolution. *Il a bien fait* de demander justice aux magistrats contre l'auteur d'un délit dont la gra-
vité semble, de nos jours, n'être pas suffisamment appréciée.
Les atteintes à la liberté individuelle sont des crimes sociaux,
même quand la loi ne les frappe que de peines correctionnelles.
Une arrestation illégale est un trouble immense jeté dans la
famille et, par conséquent, dans la société. Et pourtant, il
semble qu'on se joue de la liberté des citoyens : l'agent de la
police met la main sur un honnête homme avec une incroyable
facilité, comme si une arrestation était la mesure la plus simple,
la plus naturelle. Personne, surtout dans les jours où un élément
quelconque d'excitation politique se répand dans la grande ville,

n'est assuré de garder sa liberté! Comme le zèle politique a sa récompense, la police politique ne met aucune limite à son zèle. Si l'autorité protectrice des tribunaux n'y met bon ordre, la police ne sera plus la protection, elle sera la crainte. Seize ans durant, nous avons, dans les Chambres, consacré un paragraphe de nos adresses à la protection, hélas! si dérisoire de la Pologne. Sur le passage du Czar, en présence de la Pologne anéantie, le cri de : *Vive la Pologne!* se fait entendre. A ce cri éminemment français, que, le 28 juillet 1831, nous avons entendu sortir de la bouche du roi Louis-Philippe à la revue de la garde nationale, les agents de la police saisissent les citoyens qu'ils soupçonnent de l'avoir proféré, et les voilà détenus! Je ne veux pas parler du cri de : *Vive Garibaldi !* qui a donné lieu à d'autres arrestations, le procès est devant la Cour, laissons à sa sagesse la décision définitive. Mais voici qui est plus désolant encore : dans un jour de deuil solennel, la religion catholique célèbre le culte des morts : on comprend que le culte des souvenirs et la foi religieuse conduisent dans les cimetières une foule immense, destinée à venir peupler à son tour ces asiles sacrés où reposent des cendres illustres, des cendres chéries. Qui donc ose troubler le recueillement de tant d'intimes pensées, dans cette enceinte funèbre où Dieu domine l'homme de toute sa puissance? Un agent de police, qui somme un citoyen paisible de déguerpir et qui le fait saisir, au milieu de tous, par deux autres agents qui l'entraînent comme un malfaiteur! Quel sera le terme de ces atteintes continuelles à la liberté des citoyens? En 1827, nous soutenions, dans des consultations délibérées par les divers barreaux de France, que contre des voies de fait illégales le citoyen avait le droit légal de résistance; en 1867, nous félicitons le citoyen qui, ayant subi avec calme l'attentat qui l'a frappé, vient demander aux magistrats une réparation, pour qu'un frein soit enfin imposé à ces déplorables abus de la force publique.

Telle est notre réponse à la première question qui nous est posée.

Deuxième question : L'action est-elle recevable?

L'article 114 du Code pénal s'exprime ainsi :

« Lorsqu'un fonctionnaire public, un agent ou un préposé
« du gouvernement aura ordonné ou fait quelque acte attenta-
« toire à la liberté individuelle... il sera condamné à la peine
« de la dégradation civique. »

M. Leclanché voulait, devant les termes de cet article,
poursuivre au criminel, et on le conçoit. En effet, que l'acte
consommé par M. Bellanger contre M. Leclanché soit une violation de la liberté individuelle, nul assurément ne peut le révoquer
en doute; que M. Leclanché veuille obtenir la justice la plus
éclatante devant la juridiction la plus élevée, nul n'en peut être
étonné; mais cet acte rentre-t-il bien dans les dispositions de
l'article 114 et peut-on qualifier d'*attentat* le fait tel qu'il est
présenté? La dégradation civique frappera-t-elle cet abus de la
force qui s'est traduit en une arrestation et une séquestration
d'une heure? Nous ne le croyons pas et nous pensons que le
délit est prévu et puni par les articles 341 et 343 du Code pénal.
Citons les textes de ces deux articles :

« Art. 341. Seront punis des travaux forcés à temps ceux
qui, sans ordre des autorités constituées et hors les cas où la loi
ordonne de saisir les prévenus, auront arrêté, détenu ou séquestré des personnes quelconques. »

« Art. 343. La peine sera réduite à un emprisonnement de
deux ans à cinq ans, si les coupables des délits mentionnés à
l'article 341, non encore poursuivis de fait, ont rendu la liberté à
la personne arrêtée, séquestrée ou détenue, avant le dixième
jour accompli depuis celui de l'arrestation. »

Voilà, ce me semble, les dispositions légales qui autorisent
M. Leclanché à citer M. Bellanger devant la police correctionnelle et qui rendent son action recevable.

Mais il faut bien le dire : une objection est tirée de
l'article 75 de la Constitution de l'an VIII, et cette objection, le
tribunal correctionnel de Paris vient de la consacrer, dans une

affaire récente, par une décision que nous sommes obligé de discuter; car elle sera très-certainement invoquée. Rappelons donc cet article 75, refuge de tous les employés, quels qu'ils soient, dont les excès méritent une punition exemplaire et qui prétendent se couvrir d'un privilége accordé par la loi à ceux qui représentent le gouvernement lui-même, qu'une Constitution a voulu mettre à l'abri d'attaques inconsidérées.

« Les agents du gouvernement, autres que les ministres,
« ne peuvent être poursuivis pour les faits relatifs à leur fonc-
« tion, qu'en vertu d'une décision du Conseil d'État. »

M. Bellanger est-il un *agent du gouvernement?*

Il semble que la question ne puisse pas même être posée. Qu'est-ce donc que M. Bellanger? Un agent de *la police.* Je vois bien que l'on voudrait confondre *gouvernement* et *police,* mais s'imagine-t-on que la justice consacrera cette singulière synonymie? Certes, je ne veux pas rappeler ici la séparation immense que nos parlements avaient si nettement établie entre la justice et la police : nos habitudes ont changé dans les cinquante-quatre ans écoulés depuis le premier Empire. Ce n'est pas que l'Empereur lui-même ne fît pas une distinction. Il suffit de rappeler ces mots : « Sa Majesté adopte l'idée
« de mettre sous les yeux des jurés copie de l'information;
« *néanmoins elle pense que celle qui a été rédigée par la*
« *police ne doit pas lui être communiquée;* car la police instruit
« surtout dans la vue de découvrir tous les coupables et toutes
« les circonstances du crime; par cette raison, *elle doit être*
« *insidieuse. Le juge instructeur, au contraire, n'a d'autre vue*
« *que* D'ARRIVER A LA VÉRITÉ DES FAITS. »

Mais ces paroles dites en 1808, dans la discussion du Code d'instruction criminelle, n'empêchèrent pas la police de se placer et de s'étendre. Ses progrès sont tels, que nous avons vu naguère dans le procès des 54, un agent de police nommé Lassalle, s'il m'en souvient, donner en preuve d'une société secrète, *qu'il ne connaissait pas par lui-même,* les notes qu'il

avait reçues d'un sous-agent qu'il ne voulut pas nommer, « l'es-
« sence de son devoir, dit-il sur mon interpellation, lui inter-
« disant de le faire connaître. » Et il a fallu discuter cette
preuve *insidieuse*. Napoléon Ier n'aurait pas voulu qu'on soumît
ces notes aux jurés, le tribunal correctionnel les écoutait et il
fallait que la défense descendît à les discuter !

Voulez-vous donc que la protection de l'article 75 couvre le
dernier agent de la police ?

Mais non, la justice ne l'entend pas ainsi, le Conseil d'État
ne l'entend pas ainsi, et l'erreur du tribunal ne se propagera
pas. *La justice :* voici un arrêt de la Cour de Paris, il date du
18 juillet 1835. L'espèce est la même que la nôtre. Deux sergents de ville avaient illégalement arrêté le sieur Lamarque ; il
les avait assignés en police correctionnelle. Le tribunal déclara
surseoir, le prévenu étant couvert par les dispositions de
l'article 75.

Sur l'appel, la Cour impériale de Paris prononça l'arrêt
suivant :

« Considérant que les sergents de ville, bien qu'ils aient le
caractère d'agents de l'autorité publique, ne peuvent être con-
sidérés comme les agents du gouvernement dans le sens de
l'article 75 de la Constitution du 22 frimaire an VIII ; que, dès
lors, on n'est point obligé, pour les poursuivre en justice à
l'occasion de l'exercice de leurs fonctions, d'obtenir au préalable
l'autorisation du Conseil d'État. »

Pourquoi rechercher d'autres autorités ? C'est la Cour de
Paris qui va juger. Assurément elle n'abandonnera pas cette
jurisprudence si vraie.

Qu'est-ce qu'un agent du gouvernement ? C'est un agent
que *le gouvernement* nomme, emploie, fait agir et révoque.
Qu'est-ce qu'un agent de police ? C'est un agent que *le préfet
de police* nomme, emploie, fait agir et révoque. Où donc est
la parité ?

La Cour de cassation déclare que les gendarmes, que les

gardes champêtres ne sont pas protégés par l'article 75, le Conseil d'État se prononce comme la Cour de cassation ; les arrêts et les décrets sont parfaitement d'accord, et ils sont nombreux[1].

Nous ne pouvons nous résoudre à discuter plus longtemps le jugement sur lequel la Cour va statuer. Il est contraire à toutes les décisions antérieures, il est l'abandon complet des principes consacrés par le Code d'instruction criminelle. On se récrie beaucoup sur le peu de garanties que ce code donne à la liberté individuelle, on a tort : le Code est plein de précautions, les citoyens ne réclament pas des magistrats l'exécution de ses dispositions protectrices, et ils accusent la loi.

Est-il rien de plus rigoureusement protecteur de la liberté individuelle que l'article 40 ? Il s'agit pourtant du procureur impérial. Quel que soit le délit que commette un citoyen domicilié, le procureur impérial, ce magistrat si haut placé dans la hiérarchie judiciaire, ne peut lancer un mandat d'amener contre le prévenu ; il faut, même dans le cas de flagrant délit, que le coupable soit passible d'une peine afflictive ou infamante, c'est-à-dire qu'il ait commis un crime ; tant le législateur entoure de toute sa sollicitude la liberté du citoyen ! Et l'on veut que la loi donne à une nuée d'agents le droit d'arrestation, même hors le cas de flagrant délit ! Ne croyez pas que le législateur ait légèrement traité ces questions de la liberté de la personne : il n'a pas même voulu que le procureur impérial, chargé de la poursuite des délits et des crimes, eût le droit (sauf dans certains cas exceptionnels) de rédiger les procès-verbaux constatant le délit. Il faut lire les procès-verbaux de la discussion au Conseil d'État, discussion malheureusement écourtée, mais dont les débris sont encore si instructifs ! « Vous réunirez donc la « poursuite et l'instruction sur la même tête ? dit le prince archi- « chancelier. A la vérité, cette réunion accélère la procédure,

1. Arrêts 19 août 1808, 2 août 1809, 4 juin 1812.
Conseil d'État, 27 novembre 1833, 27 février 1849.

« mais elle se présente sous un aspect défavorable, parce qu'il
« est difficile que l'homme qui poursuit conserve son impartia-
« lité lorsqu'il s'agit d'instruire. » Et M. Joubert ajoute : « A
« qui propose-t-on de confier un pouvoir si redoutable? A un
« officier révocable et aux ordres du procureur général. Ainsi,
« ce n'est pas seulement ses préventions qu'il faut craindre, ce
« sont encore celles des hommes qui peuvent le faire mouvoir.
« Il s'en faut de beaucoup que cette ancienne législation, contre
« laquelle on a poussé tant de clameurs, compromette à ce point
« la sûreté des Français. On a raison de vouloir que le procu-
« reur impérial recueille les preuves, mais qu'il s'abstienne
« d'instruire. »

Je m'arrête : un code, qui veille avec tant de soin sur
l'information judiciaire, n'a certes pas voulu donner à ce nombre
infini d'agents le pouvoir d'arrêter, le pouvoir de détenir les
citoyens ; et si, parmi eux, il en est qui s'arrogent ce pouvoir, il n'a certes pas voulu qu'ils trouvassent, dans l'article 75
de la Constitution de l'an viii, une protection si contraire à la
pensée qui présidait à sa confection !

Au reste, de même que Paris a, pour sa police intérieure,
des agents que le préfet de police nomme et révoque, de même
certaines villes ont aussi, pour leur police intérieure, des agents
que les maires nomment et révoquent. Le Conseil d'État n'admet
pas qu'on puisse les placer sous la garantie constitutionnelle de
l'article 75 : « Considérant que les agents de la police locale,
« nommés et révoqués par le maire, n'ont pas le caractère
« d'agents du gouvernement, et ne se trouvent pas par consé-
« quent, placés sous la garantie de l'article 75 de la Constitution
« de l'an viii (18 novembre 1854). »

Le jugement trouve une modification avantageuse aux
agents de police de Paris, en ce qu'ils prêtent serment. Mais
les gendarmes ne prêtent-ils pas serment? Et cette force
publique si honnête, si dévouée à ses pénibles devoirs, n'est-
elle pas l'auxiliaire le plus favorable à la police, le plus utile à

la justice ? Eh bien, l'article 250 du décret qui régit la gendarmerie ne donne pas aux gendarmes d'autres droits, quand il s'agit d'arrestation, que le droit conféré par l'article 40 au procureur impérial. Et s'il leur est permis d'arrêter en fragrant délit, c'est à condition que le délit soit un véritable crime, une infraction contre laquelle une peine afflictive et infamante est prononcée, et l'article 75 ne les protége pas. Le tribunal voit encore un argument dans ce fait que la police de Paris reçoit de l'État une subvention égale au tiers de sa dépense. L'argument a-t-il besoin d'être réfuté ? Faudra-t-il dire que les agents sont, pour un tiers, agents du gouvernement, et, pour les deux tiers, agents de la police ?

N'allons pas plus loin : l'opinion émise par le jugement n'est évidemment pas admissible.

L'action de M. Leclanché est donc recevable.

Troisième question. — Cette action est-elle fondée ?

Le fait de l'arrestation, le fait de la séquestration sont constants. Mais si cette atteinte à la liberté se trouve autorisée par une disposition d'une loi spéciale, l'agent de police n'ayant commis aucun délit en exerçant son droit, en remplissant une mission légale, la demande formée contre lui n'est pas fondée.

Quelle est donc la loi que M. Bellanger peut invoquer ?

Je ne veux pas contester à M. Bellanger sa qualité, qu'il aurait dû faire connaître par un insigne ; je ne veux pas même lui contester le droit d'ordonner l'arrestation et la détention dans le cas où la loi les autorise. Mais où donc trouve-t-il cette autorisation ?

Je rappelle que le magistrat le plus respectable, que le procureur impérial n'a le droit de lancer un mandat d'amener que s'il y a flagrant délit, ou clameur publique, ou recours d'un citoyen se plaignant d'un crime, d'un délit commis dans sa maison.

J'ajoute que les articles 48, 49 et 52 du Code d'instruction criminelle donnent le même droit aux officiers de la police auxiliaire du procureur impérial ; qu'enfin l'article 106 veut que, dans ces mêmes circonstances, tout dépositaire de la force publique et même tout citoyen saisisse le coupable.

Dans les faits qui nous occupent, rien de pareil. Ce n'est donc pas dans la loi générale que M. Bellanger trouvera un refuge.

Mais il y a pour les officiers de paix des dispositions spéciales dans les articles 2 et 6 de la loi du 21 septembre 1791, dans l'article 38 de l'arrêté de messidor an VIII.

Oublions l'abrogation de ces dispositions par le Code d'instruction criminelle, abrogation si nettement proclamée par les auteurs les plus accrédités, si savamment prouvée par Merlin, supposons ces lois en vigueur. Comment M. Bellanger va-t-il se justifier?

« Art. 2. Les officiers de paix sont chargés d'arrêter *les délinquants* et de les conduire *devant le juge de paix*. »

M. Bellanger fait arrêter M. Leclanché, *qui ne commet aucun délit*, et le conduit au poste de la place Bréda.

M. Leclanché *ne commettait aucun délit :* en effet; point de procès-verbal contre lui, point de poursuite dirigée contre lui, point d'interrogatoire, rien qui laisse même supposer l'apparence d'un délit. L'agent de police n'a donc pas arrêté un délinquant, mais un citoyen inoffensif.

Il ne l'a pas conduit devant le juge de paix : il l'a conduit au poste de la place Bréda.

Voilà donc un article violé complétement par l'agent qui voudrait l'invoquer.

Il a retenu le prisonnier au poste pendant une heure.

Il est vrai que l'article 6 permet de ne pas conduire tout de suite le délinquant devant le magistrat, et autorise à le *retenir* jusqu'au jour, mais c'est quand l'arrestation a lieu la nuit. Or c'est à trois heures et demie de l'après-midi, par conséquent en plein jour, que M. Leclanché a été saisi dans sa personne et séquestré au poste de la place Bréda.

Voilà donc un autre article complétement violé.

Enfin, que dit l'article 38 de l'arrêté?

« On peut faire *saisir* et *conduire* devant les tribunaux correctionnels les prévenus de délits de la compétence de ces tribunaux. »

M. Bellanger fait saisir un citoyen contre lequel aucun fait délictueux n'est articulé; et l'on ne songe pas à le *conduire* devant un tribunal correctionnel, puisqu'il n'a commis aucun délit de la compétence de ce tribunal.

Donc pas une disposition de loi qui devienne une excuse pour cet agent.

En opposition à la doctrine que nous croyons certaine, qui soutient l'abrogation de toutes ces lois par le Code, veut-on placer l'arrêt de la Cour de Paris, en 1827, dans le procès contre Isambert? Soit. L'arrêt déclare que le Code ne déroge pas à ces lois. Mais prenez son texte, supposez qu'il est inattaquable en droit, il est décisif contre M. Bellanger.

« Considérant que l'article incriminé renferme une doc-
« trine erronée, en ce qu'il dénie *aux gendarmes et aux officiers*
« *de paix*, agents de la force publique, le droit que leur attri-
« buent les lois de 1791, de l'an IV, de l'an VIII, *dans les cas*
« *déterminés par lesdites lois, auxquelles le Code d'instruction*
« *criminelle n'a pas dérogé, de saisir sur la voie publique* LES
« DÉLINQUANTS et DE LES CONDUIRE DEVANT L'OFFICIER DE LA
« POLICE JUDICIAIRE. »

Ici, *point de délinquant*, arrestation d'un citoyen paisible; *point de recours immédiat devant l'officier de police judiciaire;* au contraire, le non-délinquant est conduit par deux agents au poste de la place Bréda, et il y est séquestré pendant une heure.

Donc, point de question de droit dont la solution puisse déclarer mal fondée l'action de M. Leclanché.

Et si nous rappelons, en finissant, chaque circonstance de l'odieux arbitraire qui l'a frappé, nous devons dire qu'il doit obtenir une complète réparation. Dans un jour consacré à la mémoire et au culte des morts, un citoyen paisible, placé devant la grille d'une tombe qui renferme de chères dépouilles, se recueille dans les souvenirs que lui rappelle une mémoire honorée : un profond silence règne dans cet asile de la mort, où l'humanité serait si petite, si elle ne se sentait immortelle, et, tout à coup, sans que rien justifie cette incroyable agression, l'ordre de déguerpir lui est donné par un homme inconnu de lui, sans insigne, et qui, n'admettant pas même une parole qui est une véritable prière, le fait immédiatement saisir par deux agents de police, entre lesquels il traverse le cimetière et la plus grande partie du quartier qu'il habite. Le supplice est grand, il va prendre une autre forme : on le séquestre pendant une heure dans le poste de la place Bréda ! Attendez : rien n'était plus facile à M. Bellanger que de faire avertir le concierge de la maison qu'habite son prisonnier, qu'il aurait connu, s'il ne le connaissait pas ; non, M. Leclanché sera conduit encore par un agent de police devant son concierge, il subira là un interrogatoire, après lequel on daignera le laisser libre !

Ainsi illégalement saisi, publiquement traîné au poste, comme un malfaiteur, entre deux gardes, arbitrairement séquestré, honteusement ramené dans son domicile, interrogé devant son concierge, voilà les faits qui donnent lieu à l'assignation.

Il n'y a point d'excuse à cette scandaleuse violation de la liberté individuelle.

Il est temps que la magistrature intervienne avec sa majestueuse autorité.

La résistance à des actes illégaux est un des droits du citoyen ; mais les magistrats, en faisant respecter la liberté individuelle des citoyens, éloigneront la pensée de la résistance légale, dont les conséquences peuvent être fatales à la liberté même. Que les citoyens frappés par l'arbitraire viennent se réfugier dans le sanctuaire de la justice. Nous avons traversé des temps plus difficiles et la justice a grandement rempli sa mission ; elle n'y faillira pas. Et le barreau, inséparable auxiliaire de la magistrature, ne faiblira jamais devant le devoir que sa profession lui impose : sa parole viendra surtout en aide à la liberté menacée.

Délibéré à Paris le 23 novembre 1867.

AD. CRÉMIEUX.

ADDITION

A LA CONSULTATION DU 23 NOVEMBRE.

LIBERTÉ INDIVIDUELLE,

ARRESTATION

ET

SÉQUESTRATION ILLÉGALES.

ADDITION

A LA CONSULTATION DU 23 NOVEMBRE.

Le conseil soussigné plaidait, à *Béziers*, pour le *Sémaphore de Marseille*, pendant que divers journaux publiaient, à Paris, la consultation qu'il avait délibérée pour M. Leclanché; il lisait, plus tard, le *communiqué corrigeant sa consultation*.

Le soussigné doit d'abord tous ses remercîments aux journaux qui ont appelé l'attention publique sur cette importante question des garanties de la liberté individuelle, garanties décrétées dans la loi et chaque jour foulées aux pieds.

La présente addition à la consultation du **23** novembre, *en réponse au communiqué*, développera la discussion première, en examinant la violation de la liberté individuelle commise par un commissaire de police.

Avant tout, rappelons, ce qui n'est ignoré de personne, que l'avocat délibère une consultation *en droit*, sur les faits qui lui sont exposés.

« *En l'état des faits qu'il signale,* M. Leclanché nous
« pose les trois questions suivantes. »

Voilà comment s'exprime notre consultation.

L'inexactitude des faits ne saurait toucher aux principes
soutenus par l'avocat; l'audience seule peut révéler s'il y a
inexactitude; jusqu'alors tout débat est superflu. Rien assurément n'empêche le commissaire de police, inculpé comme agent,
de faire connaître les faits qu'il affirme, en contradiction avec
le récit de M. Leclanché, mais les solutions de droit restent
devant l'exposé contenu dans l'assignation, et ces solutions, que
je maintiens, les voici en résumé :

« Un bon citoyen doit déférer aux tribunaux sa plainte
« contre la violation de la liberté individuelle, si précieuse et si
« peu respectée;

« L'arrestation de M. Leclanché par un officier de paix,
« agent de la police, est une arrestation arbitraire, dont la répa-
« ration doit être demandée au tribunal correctionnel, sans
« qu'il soit nécessaire de recourir au Conseil d'État, l'agent de
« police n'étant pas protégé par l'article 75 de la Constitution
« de l'an VIII;

« L'article 343 du Code pénal, combiné avec l'article 341,
« frappe d'un emprisonnement correctionnel les faits reprochés
« par le consultant à M. Bellanger. »

Ces principes, la Cour de Paris les a proclamés dans son
arrêt du 18 juillet 1835 ; elle les consacrera, nous n'en doutons
pas, dans l'affaire si brillamment soutenue par mon confrère
Durier devant le tribunal et dans son excellente consultation;
nous serons alors délivrés des arrestations arbitraires, qu'il faut
absolument faire proscrire et punir par la justice, notre sauve-
garde.

Quant à la qualité de M. Bellanger, je ne la connaissais pas,
et M. Bellanger voudra bien excuser mon ignorance. Comment
aurais-je pu supposer qu'un commissaire de police, à Paris, s'était
permis un pareil abus de pouvoir ? Cette qualité, que je reconnais,

ne change rien à ma consultation : c'est un commissaire de police, non un officier de paix agent de police, que M. Leclanché accuse et qu'il poursuit justement.

Le commissaire de police avait-il le droit de l'arrêter et de le séquestrer au poste de la place Bréda? — Non.

L'article 75 de la Constitution de l'an VIII est-il applicable? — Non.

Deux solutions que j'ajoute aux premières et que je vais justifier.

PREMIÈRE QUESTION :

« Le commissaire de police avait-il le droit d'arrêter et de séquestrer M. Leclanché au poste de la place Bréda? »

A nos yeux, cette arrestation et cette séquestration, par M. Bellanger, commissaire de police, constituent un double délit, comme elles constituaient un double délit quand on l'imputait à M. Bellanger, simple officier de paix, agent de police. Le délit est plus grave, parce qu'il vient de plus haut.

Avant tout, prenons les faits dans le communiqué. Il s'exprime ainsi :

« M. Crémieux prétend que M. Leclanché s'était rendu isolément, et se tenait silencieusement et pieusement sur la tombe de Godefroy Cavaignac, lorsqu'il a été arrêté inopinément.

« Or, il est certain que M. Leclanché était au milieu d'un attroupement tumultueux, et avait refusé d'obéir à l'invitation de circuler, qui lui avait été personnellement adressée.

« M. Crémieux allègue que le prétendu agent de police était sans aucun insigne ; M. Bellanger était revêtu de son écharpe. Enfin, il affirme que M. Leclanché aurait été relaxé sans aucune constatation ; un procès-verbal a été régulièrement dressé et transmis à M. le procureur impéria. »

Toutes ces déclarations du communiqué sont repoussées par M. Leclanché en ces termes : « Entre mes affirmations que je signe et dont je demande à fournir la preuve devant la justice, et les assertions d'un communiqué anonyme, l'opinion publique jugera. »

L'affaire étant portée en justice, l'opinion publique s'éclairera devant la Cour et son arrêt sera la vérité[1].

N'oublions pas que les procès-verbaux du commissaire de police ne font foi que jusqu'à preuve contraire, et que M. Leclanché veut fournir à la police cette preuve contraire.

Moi, j'admets les faits tels que le communiqué les énonce. Ainsi un commissaire de police, revêtu de son écharpe, a invité à circuler M. Leclanché qui se trouvait dans un groupe tumultueux ; M. Leclanché n'a pas obéi à l'injonction, et voilà pourquoi il a été arrêté, conduit au poste par deux agents de police, séquestré pendant une heure, et, sans interrogatoire, sans procès-verbal *de lui connu*, renvoyé chez lui en compagnie d'un agent chargé de le confronter avec son concierge !

Remarquez bien qu'à l'injonction de se retirer, M. Leclanché n'oppose pas de résistance : saisi par les agents, il ne s'émeut pas et se laisse conduire dans la sale enceinte où on le renferme ; il ne fait entendre aucune plainte ; enfin, puisqu'il y a un procès-verbal, bien évidemment ce procès-verbal ne lui impute aucun délit ; car il n'a reçu aucune assignation ni même aucune invitation de se rendre devant le magistrat.

Les faits ainsi admis, pourquoi l'arrestation ? Où donc trouver une cause légale ?

Dans aucune circonstance, dans aucun cas, *hors le cas de flagrant délit, quand le délit emporte peine afflictive ou infa-*

---

1. Dans sa plainte à M. le Procureur général, M. Leclanché dit : « L'ordre de m'arrêter immédiatement est sur-le-champ exécuté, sans résistance de ma part. Je suis saisi par les deux agents et conduit, au milieu de la foule, jusqu'au poste de la place Bréda. J'y suis séquestré pendant plus d'une heure, entassé avec huit autres citoyens dans un bouge ignoble, infect, ayant à peine un mètre vingt centimètres de longueur sur un mètre de largeur, et ne recevant d'air que par une lucarne s'ouvrant sur une espèce de puisard, à odeur nauséabonde. »

mante, personne, *personne absolument* N'A LE DROIT D'ARRÊTER UN CITOYEN DOMICILIÉ, personne non plus (sauf le juge d'instruction), *hors le cas de flagrant délit, quand le* DÉLIT EMPORTE PEINE AFFLICTIVE OU INFAMANTE, *personne n'a le droit de procéder à l'arrestation d'un citoyen domicilié.*

TOUTE ARRESTATION OPÉRÉE OU ORDONNÉE POUR UN DÉLIT CORRECTIONNEL EST ILLÉGALE QUAND ELLE FRAPPE UN CITOYEN DOMICILIÉ, à moins qu'elle ne soit opérée sur mandat du juge d'instruction ou du magistrat qui peut le suppléer.

Il y a, en effet, deux sortes d'arrestations, l'une qui s'opère en vertu d'un mandat délivré par le magistrat compétent, l'autre qui s'exécute immédiatement, en place publique, partout ; mais l'une et l'autre ont leur règle tracée et si bien écrite dans la loi, que l'abus est impossible et qu'il y a excès de pouvoir, par conséquent délit punissable, de la part de celui qui la viole.

L'arrestation, en vertu d'un mandat, est autorisée par les articles 40, 49, 50, 59 et 91 du Code d'instruction criminelle.

L'article 40 est ainsi conçu :

« *Au cas de flagrant délit,* si le prévenu n'est pas présent,
« lorsque le fait sera de nature *à entraîner une peine afflictive*
« *ou infamante,* le procureur impérial rendra une ordonnance
« à l'effet de le faire comparaître : cette ordonnance s'appelle
« mandat d'amener.

« La dénonciation seule ne constitue pas une présomption
« suffisante pour décerner cette ordonnance *contre un individu*
« *ayant domicile.* »

J'admets que les articles 49 et 50 donnent, dans les mêmes circonstances, le même pouvoir aux officiers de police auxiliaires du procureur impérial, comme l'article 259 du décret, relatif à l'organisation de la gendarmerie, le donne aux officiers de cette arme.

L'article 59 du Code d'instruction criminelle s'exprime ainsi :

« Le juge d'instruction, *dans tous les cas réputés flagrants*

« *délits,* peut faire, directement et par lui-même, tous les actes
« attribués au procureur impérial ; à lui appartient le droit de
« décerner les mandats de comparution, d'amener, les man-
« dats de dépôt, les mandats d'arrêt. »

L'article 91 prescrit au juge d'instruction de décerner le
« mandat d'amener contre toute personne, de quelque qualité
« qu'elle soit, inculpée d'un délit *emportant peine afflictive ou*
« *infamante.* »

Ainsi *l'arrestation, en vertu d'un mandat,* ne peut jamais
avoir lieu *que s'il y a flagrant délit,* et quand le délit *emporte
peine afflictive ou infamante.* Et voyez la sage précaution de la
loi : Quand l'inculpé a domicile, la dénonciation ne suffit pas
pour autoriser, *même le procureur impérial,* à décerner le mandat
d'amener.

Voulez-vous d'autres preuves de la sage protection de la loi?
Elle prescrit, d'abord, dans les articles 95 et 96, les formalités
exigées pour chacun des mandats, puis, dans l'article 97, elle
en ordonne la notification au prévenu, et enfin l'article 112 porte
cette disposition formelle :

« L'inobservation des formalités prescrites pour les man-
« dats sera punie d'une amende de cinquante francs au moins
« contre le greffier, et, s'il y a lieu, *d'injonction au juge d'instruction et au procureur du roi, même de prise à partie, s'il y
échet.* Cette liberté individuelle est si précieuse aux yeux du
législateur qu'il y a, *même contre les magistrats,* des dispositions
rigoureuses et la possibilité de la prise à partie, pour la simple
inobservation des formalités dans les mandats.

N'accusons donc pas la loi qui, pour une arrestation
ordonnée par un mandat qu'elle n'autorise qu'avec une si
grande réserve, prend tant de précautions pour garantir la
liberté individuelle du prévenu domicilié.

Maintenant que les conditions exigées par la loi pour procéder à une arrestation ordonnée par mandat, sont bien éta-
blies, demandons-nous s'il est possible que la même loi, si

restrictive des pouvoirs donnés aux magistrats eux-mèmes, quand il s'agit pour eux d'ordonner une arrestation, autorise l'arrestation immédiate, sans examen préalable, de tout individu, domicilié ou non, même quand il ne commettrait pas un délit ?

Quoi! pour décerner un mandat d'arrestation, la condition absolue, c'est un flagrant délit; pour arrêter, il n'y a point de condition! Quoi! pour décerner un mandat contre un individu domicilié, la dénonciation n'est pas suffisante; pour l'arrêter, il n'est pas même besoin d'une dénonciation! Une pareille contradiction se trouverait dans la loi! Si la loi était muette, son silence serait la consécration du droit appartenant à chacun d'user de sa liberté individuelle, mais la loi parle, voici ce qu'elle prescrit :

Art. 40. — Le procureur impérial, *au cas de flagrant délit et lorsque le fait sera de nature à entraîner peine afflictive ou infamante,* pourra faire saisir les prévenus présents contre lesquels il existerait des indices graves.

Je concède encore le même droit aux officiers de police auxiliaires du procureur impérial, en vertu des articles 49, 50 et 52.

Vient ensuite l'article 106 ainsi conçu :

« Tout dépositaire de la force publique et même toute per-
« sonne sera tenue de saisir le prévenu surpris en flagrant délit,
« ou poursuivi soit par la clameur publique, soit dans les cas assi-
« milés au flagrant délit, et de le conduire devant le procureur
« impérial, sans qu'il soit besoin de mandat d'amener, *si le
« crime ou délit emporte peine afflictive ou infamante.* »

Que résulte-t-il de ces disposition législatives?

Deux droits pour les magistrats ou officiers auxiliaires désignés par la loi : droit de délivrer des mandats qui autorisent l'arrestation d'un inculpé domicilié; droit d'arrêter les inculpés présents; mais l'un et l'autre droit ne leur sont accordés contre l'inculpé, que *s'il y a flagrant délit, emportant peine afflictive ou infamante.*

Ici la discussion s'élargit et la protection de la liberté individuelle se manifeste hautement. Que veulent dire ces mots : *flagrant délit emportant peine afflictive ou infamante ?*

Le flagrant délit ici est *un crime,* non un simple *délit,* c'est-à-dire que pour lancer un mandat d'amener contre un citoyen domicilié, ou pour l'arrêter, il faut le saisir commettant ou venant de commettre *un crime.* Pourquoi ? Parce que les délits ne sont passibles que de peines correctionnelles, et que les peines correctionnelles ne sont ni afflictives ni infamantes. Rappelons, en effet, les articles 1ᵉʳ, 6, 7, 8 et 9 du Code pénal.

« Art. 1ᵉʳ. — L'infraction que les lois *punissent de peines de police* est UNE CONTRAVENTION; l'infraction que les lois *punissent de peines correctionnelles* est UN DÉLIT; l'infraction que les lois *punissent d'une peine afflictive ou infamante* est UN CRIME. »

L'article 6 déclare que les peines en matière criminelle sont ou afflictives ou infamantes.

Les articles 7 et 8 disent quelles sont les peines afflictives ou infamantes; — aucune n'est prononcée par la juridiction correctionnelle; l'article 9 donne, *comme peines correctionnelles,* l'emprisonnement, l'amende, la privation de certains droits.

Ainsi *point d'arrestation par exécution de mandat contre un prévenu domicilié,* à moins qu'il n'ait commis *un crime; point d'arrestation sans mandat contre un prévenu domicilié,* à moins qu'il n'ait commis *un crime.*

Rendons la preuve plus évidente encore en citant les articles 249 et 250 du décret du 1ᵉʳ mars 1854, instituant et organisant la gendarmerie, cet auxiliaire si puissant et si honnête de la justice.

« Art. 249. — Il y a *flagrant délit,* lorsque *le crime* se commet actuellement ou lorsqu'il vient de se commettre.

« Art. 250. — Toute infraction qui, par sa nature, est seulement passible de peines correctionnelles, *ne peut constituer un flagrant délit.* Les officiers de gendarmerie ne sont point autorisés à faire des instructions préliminaires pour la recherche de ces infractions. *Le flagrant délit doit être* UN VÉRITABLE CRIME, c'est-à-dire une infraction contre laquelle *une peine afflictive ou infamante est nécessaire.*

Rien de plus clair assurément que ces dispositions, rien qui établisse mieux les conditions sous lesquelles l'arrestation d'un inculpé domicilié est autorisée par la loi.

Quand les citoyens seront bien pénétrés de ces dispositions de la loi, ils ne se laisseront pas arrêter sans demander à la justice la réparation qui leur est due pour arrestation illégale; quand les officiers de police auxiliaires seront bien pénétrés de ces dispositions de la loi, ils n'attenteront plus ainsi à la liberté des citoyens et l'on ne lira pas dans un *communiqué* répondant à une consultation intervenue sur le double fait de l'arrestation et de la séquestration d'un citoyen domicilié : « L'administration a la « conscience que ses actes sont restés dans la mesure de la plus « stricte légalité. »

On ne prétendra pas sans doute que le commissaire de police a le privilége exclusif du droit d'arrestation contre un citoyen domicilié ayant commis un simple délit?

Où donc se trouve la loi qui le lui confère? En existe-t-il une en dehors du Code d'instruction criminelle, où le commissaire de police est partout nommé comme officier de police auxiliaire du procureur impérial? Sans doute le décret du 18 juin 1811 donne aux agents auxiliaires le droit d'arrestation, mais seulement quand, *porteurs de mandements de justice,* ils découvrent, hors la présence des huissiers, les prévenus, accusés, ou condamnés, ils les arrêteront, dit l'article 77, et les conduiront devant le magistrat compétent.

On n'invoquera pas non plus, je présume, l'article 1er de la loi du 1er mars 1863, dont voici les dispositions :

« Tout inculpé arrêté en état de flagrant délit *pour un fait* « *passible de peines correctionnelles* est immédiatement traduit « devant le procureur impérial, qui l'interroge et, s'il y a lieu, « le traduit sur-le-champ à l'audience du tribunal. Dans ce cas,

« le procureur impérial peut mettre l'inculpé sous mandat de
« dépôt. »

Cet article suppose donc le pouvoir aux officiers de police
d'arrêter pour un délit. Oui ; mais cette loi spéciale n'a qu'un
objet ; c'est de frapper immédiatement, en abrégeant la détention préventive, une classe d'individus, que les motifs du projet
de loi font connaître en ces termes :

« Dans les grands centres de population, à Paris princi-
« palement, malgré tous les règlements de police, se réunis-
« sent, de tous les points de l'Empire, les récidivistes, les gens
« en rupture de ban, les filous, voleurs et escrocs de tout âge et
« même les malfaiteurs venus de l'étranger, attendant à toute
« heure l'occasion d'exercer leur coupable industrie. La nature
« de ces faits, le nombre et l'activité des agents de police, font
« que les délinquants sont fréquemment surpris, soit au milieu
« de la perpétration, soit immédiatement après, poursuivis par
« la clameur publique, ou encore nantis des effets, armes ou
« instruments ou papiers, démontrant qu'ils sont auteurs ou com-
« plices ; en un mot, en état de flagrant délit, tel qu'il est défini
» par l'article 41 du Code d'instruction criminelle. »

On comprend facilement que la loi nouvelle ait voulu
frapper ces délinquants en permettant leur arrestation dans de
pareilles circonstances. Cette dérogation au Code d'instruction
criminelle n'a rien de commun assurément avec les faits qui
donnent lieu à notre consultation. Elle doit être sévèrement res-
treinte dans ses limites, et il faudrait bien se garder d'ap-
pliquer à des citoyens domiciliés une loi destinée à réprimer les
délits commis par des voleurs pris sur le fait, par des repris de
justice continuant leurs escroqueries, par des galériens en rupture de ban, recommençant leurs méfaits anciens.

Au juge d'instruction seul est donné le pouvoir légal de
décerner un mandat, même quand le prévenu n'est poursuivi
que pour un délit correctionnel (articles 91 et 94). Ces belles
et redoutables fonctions qui remettent l'honneur de tous à la

conscience d'un seul homme, c'est à un juge que la loi les confie. Ce juge, elle l'entoure de toute sa confiance. Que le respect des citoyens réponde à la confiance du législateur et soit un hommage rendu au magistrat qui, nanti d'un si grand pouvoir, veille, au-dessus de toutes les passions, à la sécurité de tous! Souvenons-nous qu'au procureur impérial lui-même, à cette haute personnalité, environnée de tant d'éclat, exerçant de si nobles attributions, la loi ne donne le pouvoir d'arrêter ou de faire arrêter un inculpé domicilié, que dans le cas de flagrant délit emportant peine afflictive ou infamante. Comment le commissaire de police aurait-il un pouvoir refusé au procureur impérial?

Un commissaire de police, à Paris surtout, est un magistrat d'un ordre élevé. Ses fonctions sont d'une grande importance; elles demandent autant de sagesse que de fermeté, autant de bienveillance que de résolution. Sa place n'est pas au milieu des agents que le zèle enflamme; elle est à la tête de l'autorité protectrice, qui calme et persuade. De la part de ce magistrat, en quelque sorte paternel, l'arrestation et la séquestration d'un citoyen domicilié est une faute immense. Le délit est d'autant plus grave qu'il ne peut se concilier avec la situation que lui donnent, au milieu de ses concitoyens, son éducation et sa valeur personnelle. Mieux valait assurément avoir à blâmer et à poursuivre l'acte arbitraire contre le sieur Bellanger, officier de paix, agent de police, que contre M. Bellanger commissaire de police.

DEUXIÈME QUESTION.

« L'article 75 de la Constitution de l'an VIII est-il applicable? »

Cet article n'a rien à faire dans le débat.

S'il a pour but de protéger l'administration dans ceux de ses délégués qui sont les agents du gouvernement, il n'a aucun rapport avec les officiers de police judiciaire. Ces officiers,

notamment les commissaires de police, reçoivent les dénoncia-
tions, dressent les procès-verbaux et les envoient au procureur
impérial (art. 50 et 53 du Code d'instr. crim.). Le communiqué
dit, en effet, que *M. le commissaire de police a dressé procès-verbal
régulier et l'a transmis à M. le procureur impérial. Il a donc
agi comme officier de police auxiliaire de la justice. L'ARTICLE 75
NE LUI EST DONC PAS APPLICABLE.* Il a une autre protection, mais
cette protection est aussi une garantie pour le plaignant. Il
échappe au tribunal correctionnel, il est directement traduit, aux
termes des articles 479 et 483 combinés, devant la haute et
souveraine juridiction de la Cour impériale. Dans ce sanctuaire,
aucune autre autorité n'a le droit d'intervenir. Sans doute il
trouve dans ce privilége une garantie qui vaut celle de l'article 75,
mais le plaignant l'accepte avec la confiance qu'inspire à tous
cette suprême justice. M. Leclanché a donc porté plainte à
M. le procureur général; c'est sur cette plainte que M. le procureur général appellera devant la Cour M. Bellanger, commissaire de police; c'est là qu'intervenant comme partie civile,
M. Leclanché établira les faits qu'il dénonce. Il sait que s'il
avait faussement accusé un magistrat honorable, celui qu'il
aurait calomnié trouverait dans le ministère public le vengeur de
cet outrage et dans l'arrêt de la Cour une éclatante réparation ;
mais il sait aussi que s'il établit qu'il a été victime d'une arrestation et d'une séquestration illégales, lorsqu'il ne commettait
aucun délit, lorsqu'aucune faute ne peut même lui être impu-
tée, il trouvera dans le ministère public un puissant auxiliaire
de défense; il sait que la protection de la magistrature ne lui
manquera pas dans une cause que de si grands principes d'ordre
public couvrent de leur égide : *Sub tutela juris publici jus pri-
vatum latet.*

Délibéré à Paris, le 9 décembre 1867.

AD. CRÉMIEUX.

IMPRIMERIE J. CLAYE
RUE SAINT BENOIT 7
LABOR
PARIS